ŒUVRE DE LA CROIX ROUGE

SERVICE FUNÈBRE

POUR

LES SOLDATS VICTIMES DE LA GUERRE DE 1870-1871

DISCOURS

PRONONCÉ

Le samedi 24 janvier 1891

DANS LA MÉTROPOLE DE BESANÇON

PAR

M. le Vicaire général TOUCHET

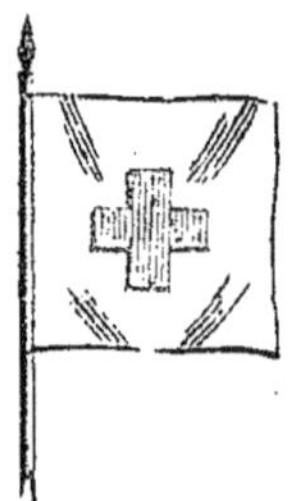

BESANÇON

IMPRIMERIE ET LITHOGRAPHIE DE PAUL JACQUIN

Grande-Rue, 14, à la Vieille-Intendance

1891

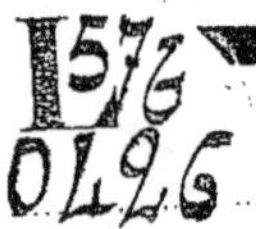

ŒUVRE DE LA CROIX ROUGE

SERVICE FUNÈBRE

POUR

LES SOLDATS VICTIMES DE LA GUERRE DE 1870-1871

DISCOURS

PRONONCÉ

Le samedi 24 janvier 1891

DANS LA MÉTROPOLE DE BESANÇON

PAR

M. le Vicaire général TOUCHET

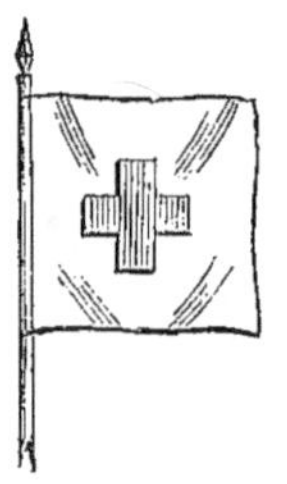

BESANÇON

IMPRIMERIE ET LITHOGRAPHIE DE PAUL JACQUIN

Grande-Rue, 14, à la Vieille-Intendance

1891

ŒUVRE DE LA CROIX ROUGE

SERVICE FUNÈBRE

POUR

LES SOLDATS VICTIMES DE LA GUERRE DE 1870-1871

DISCOURS

PRONONCÉ

Le samedi 24 janvier 1891

DANS LA MÉTROPOLE DE BESANÇON

PAR

M. le Vicaire général TOUCHET

BESANÇON

IMPRIMERIE ET LITHOGRAPHIE DE PAUL JACQUIN

Grande-Rue, 14, à la Vieille-Intendance

—

1891

ŒUVRE DE LA CROIX ROUGE

SERVICE FUNÈBRE

POUR

LES SOLDATS VICTIMES DE LA GUERRE DE 1870-1871

Hostes, dum vulnerati, fratres.

La Société de secours aux blessés militaires des armées de terre et de mer (Croix Rouge française) siégeant à Paris, actuellement sous la présidence de M. le maréchal de Mac-Mahon, a été fondée en 1863, à l'occasion de la Convention de Genève, intervenue entre douze gouvernements. Cette société internationale a été reconnue comme établissement d'utilité publique par décret du 23 juin 1866. Elle a rendu d'immenses services pendant la guerre franco-allemande, et depuis cette époque, elle n'a cessé de secourir les blessés militaires et leurs familles. Réglementée à nouveau par décret du 3 juillet 1884, sa puissante organisation se complète chaque jour.

Le Comité de dames, fondé à Besançon par le Conseil cen tral de la Société, a pris l'initiative de faire célébrer, à l'occasion du vingtième anniversaire de la guerre de 1870-1871, un service solennel pour les soldats et marins morts pour la

France. Cette solennité patriotique a eu lieu dans l'église métropolitaine de Saint-Jean, samedi 24 janvier, à dix heures et demie du matin. L'autorité militaire et l'autorité municipale avaient rivalisé de bon vouloir pour assurer à cette cérémonie le plus vif éclat. La décoration de la vieille basilique était sévère et imposante. Sur les piliers garnis de longues draperies noires se détachaient des trophées avec écussons variés, comprenant des drapeaux tricolores et des drapeaux aux armes de la ville et de la Croix Rouge. Le sanctuaire était orné avec beaucoup de goût : sur les colonnes s'épanouissaient des faisceaux d'oriflammes aux couleurs de la France et de l'Eglise, encadrant dans leurs replis les armes de nos archevêques et du chapitre.

Une grande quantité de drapeaux tricolores étaient suspendus au fond de l'abside et aux vitraux de la corniche. Le coup d'œil de la nef principale était superbe. Devant le chœur se dressait un riche catafalque, pour l'ornementation duquel on avait emprunté à toutes les armes leurs insignes caractéristiques.

Ce qui était plus émouvant que cette pompe extérieure, c'était cette foule immense et recueillie, appartenant à toutes les classes de la société, prosternée au pied des autels, où elle venait se confondre dans un acte solennel de gratitude patriotique et de compassion religieuse.

Mgr Ducellier, archevêque de Besançon, en chape noire et en mitre blanche, assistait pontificalement à la messe célébrée par M. l'archiprêtre de Beauséjour. MM. les membres du chapitre métropolitain, MM. les curés de la ville, MM. les aumôniers de mobilisation et un grand nombre de prêtres étaient présents.

Dans la grande nef à gauche se trouvaient les dames qui font partie du bureau du comité de la Croix Rouge à Besançon, et les membres de la Société. A droite avaient pris place les autorités civiles et militaires, un grand nombre d'officiers de tous les grades appartenant aux divers corps de la garnison et les principales notabilités de la ville. On remarquait aux places réservées :

M. Gougeon, premier président de la cour d'appel ; M. le général Boussenard, commandant la 14° division d'infanterie ; M. le général Mugnier, gouverneur de Besançon ; M. le général Guillet, chef d'état-major du 7° corps d'armée ; M. Brédif, recteur de l'Académie ; M. Regnault, procureur général près la cour d'appel ; M. le président Béjanin, délégué de la Croix Rouge de France à Besançon ; M. le colonel Glises, directeur du génie ; M. le colonel Stiltz, directeur d'artillerie ; M. le colonel Kessler, commandant le 5° d'artillerie ; M. le colonel de Mibielle, commandant le 60° régiment d'infanterie ; M. de la Geneste, commandant le 3° bataillon de chasseurs à pied.

Deux divisions de l'école Saint-François-Xavier et de l'institution Sainte-Marie étaient groupés en avant de la chapelle du Saint-Suaire.

L'excellente musique de l'Ecole d'artillerie s'est fait entendre plusieurs fois pendant l'office.

Les chants liturgiques ont été interprétés par les élèves de la maîtrise, auxquels s'étaient joints plusieurs amateurs. Deux motets de J. Belamy, le *Clamavi*, fragment du *De profundis*, et l'*Oro supplex*, fragment du *Dies iræ*, ont été exécutés avec beaucoup de talent. C'était une musique simple et vivante, une musique qui chante et qui prie.

Après l'évangile, M. l'abbé Touchet, vicaire général, est monté en chaire et a prononcé une allocution dans laquelle la foi et le patriotisme s'alliaient merveilleusement. Il était impossible de dire sous une forme plus saisissante et avec autant d'éclat et de chaleur communicative les origines, les services et les espérances de l'œuvre de la Croix Rouge.

Cédant aux instances du Comité de Besançon, M. le vicaire général a bien voulu lui communiquer son brillant discours, et nous sommes heureux de pouvoir le publier intégralement ci-après.

La quête a été faite par Mme la générale Guillet, qu'accompagnait M. le commandant de Moulins-Rochefort, attaché à l'état-major du 7e corps d'armée, et par Mme la générale Mugnier, qu'accompagnait M. le lieutenant-colonel Rossigneux, directeur de l'Ecole d'artillerie.

Après la messe, l'absoute solennelle a été donnée par Mgr l'archevêque, entouré du chapitre métropolitain.

Cette cérémonie patriotique, où s'affirmait la communauté des pensées et des souvenirs au cœur du prêtre et au cœur du soldat, contribuera certainement à fortifier les liens qui attachent la population bisontine à *l'œuvre de la Croix Rouge*.

F. Louvot.

DISCOURS

Prononcé le 24 janvier 1891, dans la métropole de Besançon

A L'OCCASION

DU 20ᵉ ANNIVERSAIRE DE LA GUERRE DE 1870-1871

———▷✳◁———

MESDAMES DU COMITÉ BISONTIN DE LA CROIX ROUGE,

Vous m'avez fait l'honneur d'estimer que mon infirme parole serait de quelque utilité à l'Association de la Croix Rouge française dans notre ville, et m'indiquant le sujet duquel je devrais traiter dans cette solennité patriotique dont vous êtes les organisatrices, vous m'avez chargé de dire à la grande assemblée qui m'écoute le passé de votre œuvre et l'avenir que vous rêvez pour elle.

J'obéis à vos ordres avec une réelle allégresse, convaincu que si jamais Dieu voulut ce que femme veut, c'est bien à l'heure où les femmes ne veulent qu'enflammer la charité envers ceux qui auront à pâtir des plus saintes souffrances, et donner des prières à ceux qui moururent, il y a vingt ans, pour la plus sainte des causes.

Vous daignerez donc ne pas vous étonner, Monseigneur, et vous aussi, Messieurs, si, me renfermant dans le mandat que j'ai reçu, je me borne à vous rappeler l'origine, les services, les ambitions enfin de la Croix Rouge de France.

I. — Le jeudi 4 août 1870, Paris, qui ne s'étonne et surtout ne s'émeut plus de rien, vit un spectacle qui l'émut et l'étonna. C'était un long convoi emportant de la charpie, des bandes, des compresses, des boîtes de chirurgie, des médicaments, des provisions variées. Derrière, marchaient un pasteur protestant, un aumônier catholique, des étudiants en médecine, des chirurgiens, de ces adolescents et de ces hommes qu'on est assuré de trouver à la bonne place.... celle du dévouement. Nul n'ignorait pourquoi cet appareil d'ambulance : on se battait à la frontière. Mais pourquoi nos couleurs nationales n'étaient-elles pas seules à flotter au-dessus de l'hôpital mobile ? Pourquoi un drapeau blanc à la croix de *gueules en abîme* accostait-il le drapeau tricolore ? Pourquoi les fourgons portaient-ils le même écusson vigoureusement accentué ? Pourquoi les hommes qui s'en allaient à la suite étaient-ils parés de brassards et d'écharpes marqués du même signe ? De l'humble femme qui, semblable à la veuve de l'Evangile, jetait sa pièce de cuivre dans la casquette d'un quêteur improvisé, à la patricienne qui y laissait tomber sa bourse d'or, de l'ouvrier à l'homme de lettres même, plus d'un interrogeait en regardant.

La Croix Rouge n'avait pas encore conquis sa notoriété.

Certes, ceux qui savaient auraient pu répondre de belles choses.

L'Association de la Croix Rouge est née de la guerre, comme la pitié est née du malheur.

La guerre ! De Maistre la proclamait divine; moi, je la proclame horrible. Assurément, il est des conjonctures dans lesquelles elle s'impose. Toute agression injuste doit être combattue. Ce n'est pas pour rien, au témoignage de l'Apôtre, que la nation a confié le glaive à ceux qui la gouvernent et la représentent. Le droit des individus agoniserait sous la hache de la force, sans que la justice en reçût un coup mortel ; loin de là, puisque le martyre est le plus haut témoignage qui lui soit rendu ici-bas. Il en va tout autrement du droit des sociétés. Elles ne sauraient connaître l'héroïsme moral de l'abnégation jusqu'au sacrifice. Si l'injustice les a frappées à la joue droite, qu'elles ne présentent jamais la joue gauche ; ce serait une faute autant qu'un déshonneur.

Un patriote italien l'a dit : « L'indépendance est aux nations ce » que la pudeur est aux femmes. Qu'importent les autres vertus, » quand celle-là vient à manquer?.... » Voilà sans doute pourquoi le plus noble métier, parmi ceux qui sont exclusivement de la terre, a été, est et sera celui des armes ; voilà pourquoi encore nous nous inclinons avec un respect profond devant vous, Messieurs, qui êtes les chefs de notre armée, comprenant, sur la parole de Massillon,

dans son oraison funèbre du prince de Conti, « tout ce qu'il faut
» d'étendue, d'élévation, de sang-froid, de vivacité, de profon-
» deur, de ressources, de connaissances, » pour exceller dans votre
art, mais comprenant mieux encore, sur les simples inspirations de
notre cœur reconnaissant, que vous êtes pour une très large part
les gardiens-nés du plus précieux des trésors : j'entends, et tout le
monde l'entend avec moi, l'antique honneur de la patrie.

N'importe, Messieurs, la guerre est horrible. Elle tue avec une si
impassible férocité ! Si encore elle ne faisait que tuer, mais elle
mutile !

Mourir emporté comme Turenne par un boulet de canon, et être
enseveli dans les plis du drapeau victorieux ; mourir comme le petit
conscrit qu'une balle en plein front vient coucher au milieu des
excitations de la poudre et du sang, sous un mètre de chaux vive, à
l'ombre d'un tertre gazonné et d'une croix de bois, soit !.... Mais
tomber meurtri, demi broyé, être emporté dans quelque grange et y
attendre, sur la paille, son heure de pansement, tandis qu'on a les
tempes battantes de fièvre et les entrailles tenaillées de soif, voyez-
vous, à peser froidement cette torture, dût-elle éveiller des mots
sublimes à l'égal de celui de Sonis, qui disait : « Coupez ma cuisse,
» mais laissez-m'en juste assez pour que je puisse monter à cheval
» et servir mon pays ; » dût-elle sacrer certains noms dans la lé-
gende et les rendre vénérables à tout un peuple ; cette torture, dis-je,
du soldat blessé, quand elle s'abat sur des milliers et des milliers
d'hommes, fait reculer d'horreur.

Un Italien, le docteur Palasciano, fut violemment frappé de ce
fait pendant la campagne de 1859. Le possible, pensait cet homme
de cœur, doit être tenté, pour secourir ceux qui s'offrent en holo-
causte au salut de la patrie. Il est nécessaire de les soulager de toute
façon. Il meurt plus d'hommes des suites de blessures mal soignées
et de maladies que de coups de canon. Sur 309,000 Français expédiés
en Crimée, 95,000 y sont restés. Combien plus du choléra, de la fièvre,
de la petite vérole, que des obus et de l'arme blanche ?.... Donc, il
faut perfectionner l'outillage de l'ambulance, ce champ où la science
bienfaisante qui s'applique à guérir lutte contre la science détestée des
mères, *bella detestata matribus*, qui s'applique à tuer.

Arrivé à ce point de son raisonnement, le docteur Palasciano se sentait entraîné en dehors de la théorie pure. Le perfectionnement des ambulances, poursuivait-il, servira de peu tant que les blessés, les médecins, les infirmiers, ne seront pas en sécurité, tant qu'ils auront à redouter de tomber aux mains des ennemis. Plutôt que de se laisser prendre, n'est-il pas advenu souvent, comme à Brescia, que des malheureux aient arraché leurs bandages, brisé leurs gouttières, quitté leur couche et se soient sauvés, chancelants, jusqu'à ce qu'ils tombassent, à bout de forces, au premier tournant du chemin ? Les médecins, les infirmiers, ne se résignent pas plus que leurs douloureux clients à se laisser capturer. Donc l'ambulance, même agrandie, même améliorée, n'est qu'un moindre mal : pour devenir un vrai bien, il faut qu'elle devienne l'ambulance neutralisée. Tel est le dernier mot du devoir vis-à-vis des blessés de guerre.

Cette idée, Messieurs, paraît bien simple.... Eh oui ! simple comme celle de Christophe Colomb. Il ne fallait.... que la trouver.

Je me trompe, Messieurs : il fallait plus que la trouver, il fallait l'imposer.

Qui l'imposa ?.... Messieurs, il existe à nos portes un petit pays dont la poésie et l'histoire aiment à prendre le chemin. Le peuple qui l'habite ne compte que deux millions et demi d'hommes. Ceux-là, fiers de leurs séculaires franchises ramassées sur les champs de bataille d'autrefois, n'entreprennent pas légèrement la guerre : ce sont des sages. Ils ne la craignent pas lâchement non plus : ce sont des braves. Ne les a-t-on pas vus récemment se préparer à défendre leurs montagnes contre les menées sinon contre les menaces d'un voisin trop puissant ? Honneur à cette terre de paix et de liberté ! Il convenait sans doute que, de la Suisse, partît l'initiative d'une mesure généreusement réformatrice.

L'un de ses fils donc, M. Henri Dunant, se dévoua à l'idée du docteur Palasciano. Il résolut de la faire passer dans les mœurs. Il multiplia ses démarches auprès des princes et des hommes d'Etat. Il intéressa ce quelque chose qui est plus puissant en notre siècle que les princes et les hommes d'Etat, l'opinion publique ; il écrivit des articles de journaux et de revues, il fit des conférences. Rien ne lui coûta. Cette voix qui plaidait pour l'humanité fut entendue.

Une conférence internationale se réunit à Genève ; elle pose ce noble principe, qu'en fait de guerre comme en fait de pénalité, tout ce qui dépasse l'indispensable est criminel; elle écarte les objections, aplanit les difficultés, enfin rédige, le 22 août 1864, une convention en dix articles sur l'amélioration du sort des blessés de guerre, qui est bien une des plus belles chartes sur lesquelles main d'homme ait apposé sa signature.

En résumé, ce fut le triomphe de l'idée de Palasciano : la neutralisation des blessés de guerre et de ce qui les touche. Le signe distinctif du personnel et du matériel neutralisé devait être une croix rouge sur un écu d'argent. Tout ce qui porte ces armoiries pieuses, mais rien que ce qui les porte, est mis internationalement hors des conflits. La compassion le couvre, et la violence, même armée, lui doit respect, sous peine de ne plus s'appeler la force au service de la guerre, ce qui est parfois grand, mais de s'appeler la force au service de la barbarie, ce qui est toujours odieux.

Voilà, Messieurs, ce qu'on aurait pu répondre aux questionneurs des Champs-Elysées, le jeudi 4 août 1870. On aurait pu leur dire : Vous voyez cette croix rouge? Elle rappelle une forte idée et un immense besoin, la plus sainte des misères et la plus naturelle des pitiés.

II. — La Croix Rouge de France s'est organisée comme nos armées, sous le feu de l'ennemi. Elle avait 5,235 fr. 50 c. en caisse quand la guerre de 1870 éclata !

Que voulez-vous? Qui s'attendait à la guerre? Le spectacle de l'empereur ouvrant l'Exposition universelle au milieu d'une cour de souverains, l'hégémonie exercée pendant quinze ans sur l'Europe, les reflets de Malakoff et de Solferino sur le drapeau tricolore, les déclarations des chefs d'Etat, avouons-le, cette confiance en nous-mêmes qui nous est une force, mais une force périlleuse, tout contribuait à nous fermer les yeux. Ceux qui allaient jusqu'à juger la guerre possible, en dehors des quelques clairvoyants qu'avait éclairés le cri prophétique de Niel : « Vous nous accusez de vouloir faire de la France une caserne, prenez garde d'en faire un cimetière ! » ceux, dis-je, qui jugeaient la guerre possible la concevaient sous la forme d'une promenade militaire, en quelques étapes, de Paris à Berlin. Seigneur, mon Dieu ! quel réveil de ces endormissements ! Wissembourg, Frœschwiller, Reichshoffen, Wœrth, Borny, Gravelotte, Saint-

Privat, Beaumont, Sedan, le Bourget, Champigny, Buzenval, Saint-Quentin, 138,000 morts, 143,000 blessés, 333,000 malades. Quelques éclaircies, il est vrai, dans ce ciel perpétuellement noir. Des éclaircies de victoire ou de demi-victoire : Coulmiers, le Mans, Bapaume. Des éclaircies d'héroïsme superbe : le siège de Paris, le bombardement de Belfort, la charge homérique des cuirassiers de Reichsboffen, des chasseurs et des hussards de Sedan, celles de Charette et de ses zouaves à Patay. J'en oublie. Puis la nuit, plus effroyable que celle dont parle Bossuet, de la capitulation de la France, durant laquelle on n'entendit que les cris désespérés des députés de la Lorraine et de l'Alsace à l'Assemblée de Bordeaux. Tout perdu, excepté l'honneur !

La Croix Rouge avait sommeillé comme le reste. Son réveil fut énergique. Dix délégations provinciales créées, 1,200 voitures d'ambulances achetées, un corps de brancardiers levé, d'innombrables hôpitaux organisés, enfin une caisse si bien administrée qu'à l'issue de la campagne, malgré les plus généreux sacrifices, il subsistait un excédent de quatre millions et demi, tel fut le bilan matériel et moral de la Société en dix mois.

Besançon fut d'une activité rare dans ce mouvement. Des hommes d'initiative et de zèle se prodiguèrent ; des wagons entiers de remèdes furent achetés à Genève, des maisons privées, nos collèges, le grand séminaire principalement, ouvrirent leurs portes à deux battants aux blessés et aux malades ; vous eussiez fait davantage si l'on vous eût demandé davantage. La cité, comme le reste du pays, avait rompu avec César, mais elle n'oublia pas ses fidélités au Dieu de la compassion, elle garda intacte la moitié de sa vieille devise : *Deo fidelis perpetuo.*

Néanmoins, si la Croix Rouge fut admirable pendant ces campagnes, et si depuis lors à Tunis, à Formose, au Tonkin, elle s'est montrée digne d'elle, si un coup de canon ne s'est pas tiré sans qu'elle ait moissonné des bénédictions parce qu'elle avait semé du dévouement, il est une heure particulièrement héroïque de sa carrière.

Vous souvient-il de la stupeur, de la colère qui s'empara du pays quand, le 18 mars 1871, on apprit que le drapeau qui aurait dû se trouver deux fois protégé, et par ses gloires passées et par ses malheurs récents, avait été foulé aux pieds, que le haillon rouge des discordes civiles, comme s'exprimera un grand citoyen, l'avait remplacé, que deux généraux avaient été assassinés, que le gouvernement avait dû quitter Paris, que la patrie enfin, demi-tuée par l'ennemi, allait être achevée par ses enfants dans un duel où le sang de France coulerait seul.

La Croix Rouge n'eut!pas de perplexités. Elle ne fit pas le procès des révoltés, elle ne se demanda pas qui elle aurait à soigner, elle n'essaya pas de catégoriser, avec le poète,

> Le sinistre voyou, l'utopiste sincère,
> L'honnête travailleur gâté par la misère;

mais, suivant à la lettre le précepte du Christ, elle vit des hommes, rien que des hommes, dans ces égarés, et plantant son fanion en deçà et au delà des remparts, elle eut des soins pour tous, semblable véritablement, durant ces mois cruels, à la croix du Golgotha, si large qu'elle embrasse l'humanité; si haute qu'elle domine tous les partis, toutes les divisions, toutes les haines; si émue que de ses deux bras, quand on les voit d'un œil sain, il ne tombe que des rayons de tendresse, d'espérance et de pardon.

Tels sont, Messieurs, les origines de la Croix Rouge et ses services.

III. — Et maintenant, que nous demande-t-elle? Elle n'a pas besoin, n'est-ce pas, de nous demander nos sympathies respectueuses. Après un pareil passé, elles lui sont dues et acquises.

Elle demande de l'argent aux hommes, du travail aux femmes, des prières à tous.

De l'argent.... C'est, Messieurs, l'aumône que vous allez donner généreusement; c'est encore, si vous consentez à vous affilier à l'Association, une cotisation annuelle de 6 francs. Et ici, une remarque ne sera pas de trop. D'après les statuts, un cinquième des recettes devrait être versé dans la caisse centrale de l'œuvre; par exception, on nous le remet: ville de guerre et ville frontière, sentinelle avancée dans un poste dangereux, Besançon n'aura pas trop de toutes ses ressources: on l'a compris. Demain donc peut-être, Messieurs, une dame patronnesse de la Croix Rouge sollicitera votre adhésion. En échange de votre aumône d'aujourd'hui et de vos six francs de l'année entière, elle vous offrira un sourire et la joie de coopérer à une œuvre excellemment patriotique : vous avez quelquefois fait de pires marchés.

A vous, Mesdames, en plus de l'aumône, la Croix Rouge demandera du travail. Votre part est plus lourde que la nôtre. Qui s'en étonnerait, puisqu'il s'agit de charité ? Votre travail sera surtout un travail de lingerie. Il nous faut, en vue de l'éventualité terrible, une lingerie considérable. Elle est commencée, allez la voir : on vous la montrera avec une bonne grâce parfaite. Vous y trouverez des pièces d'aspect bizarre. Elles sont cependant confectionnées sur des types émanant des chirurgiens les plus expérimentés d'Europe. L'invention était difficile, la couture est facile. Vous voudrez certainement en faire l'expérience.

A tous enfin la Croix Rouge demande des prières. Le poète a écrit :

> Ceux qui pieusement sont morts pour la patrie
> Ont droit qu'à leur tombeau la foule vienne et prie.

La foule est ici : prions.

Combien qui dorment dans la fosse commune des cimetières parisiens ! A ceux-là, Dieu fasse miséricorde !

Combien qui dorment parmi les bois des coteaux de Suresnes, de Vanves, de Saint-Cloud, d'Issy ! A ceux-là, Dieu fasse miséricorde !

Combien qui dorment aux racines de la Côte-d'Or, dans les plaines fertiles de la Beauce orléanaise, de la Normandie, du Maine, de l'Anjou, de l'Artois et des Flandres ! A ceux-là, Dieu fasse miséricorde !

Combien qui dorment ici, tout près de nous, sur les rives de la Saône, au Vallon, proche du Lion belfortain qui les pleure ! A ceux-là, Dieu fasse miséricorde !

Combien qui dorment sous les grands blés de Lorraine et les vignes d'Alsace ! A ceux-là, Dieu fasse miséricorde !

Combien qui dorment au pied des forteresses allemandes ! A ceux-là, Dieu fasse miséricorde !

Combien sont partis de cette vaillante et militaire Comté, qui dorment là-bas.... Là-bas ! c'est je ne sais où, moi : le Dieu qui discerne toute poussière le sait. Femmes, c'étaient vos maris ; jeunes filles, c'étaient vos frères et vos pères ; Messieurs, c'étaient vos compagnons ; pères, c'étaient vos fils ; jeunes hommes que j'aperçois, c'étaient vos aînés. Prions plus tendrement pour eux. Seigneur, qui devez avoir

pour le courage de particuliers pardons, de ces enfants plusieurs
moururent en héros, tous sont morts en braves ! Oh ! faites-leur miséricorde !

Et si jamais — Dieu m'est témoin que je ne le souhaite pas —
même les victoires coûtent trop de sang à nos frères et trop de larmes
à nos mères, — cependant, si jamais l'heure formidable sonnait ;
si d'un signe la patrie convoquait tous ses fils de la Méditerranée à
l'Atlantique et des Pyrénées aux Vosges, car de cette fois tous y se-
raient ; si jamais le drapeau qui pend des hauteurs de cette basilique,
comme pour mieux voir les hommages que nous rendons à ses défen-
seurs et mieux entendre les supplications que nous adressons pour
eux, se redressait au-dessus des bataillons en armes, qu'il soit terrible, que devant lui tout plie et rompe, qu'il revienne triomphant
et glorieux ! Le parfum de ses lauriers réjouira la tombe de ceux qui
moururent il y a vingt ans, et elle fleurira !

Messieurs, avant de descendre de cette chaire, je dois, au nom du
comité des dames de la Croix Rouge, remercier tous ceux qui ont
prêté leur concours à cette solennité. Ce m'est un devoir bien doux
que d'exprimer cette gratitude aux autorités militaires, civiles, reli-
gieuses, au comité des hommes, aux représentants de la presse qui
nous ont donné le précieux concours de leur publicité, aux chanteurs
de l'Union artistique, aux brillants musiciens de l'Ecole d'artillerie,
à vous tous, mes frères.

Ne trouvez-vous pas comme moi que cette simple énumération a
quelque chose d'instructif et de consolant ? Toutes les bonnes volon-
tés se sont groupées, tous les bons cœurs se sont entendus. Puisse
cette union se rencontrer souvent ! La France unie est douce et
forte.

Et maintenant, Mesdames, passez dans nos rangs et tendez-nous
la main ; dites-nous : C'est pour les blessés de la guerre ; dites-nous :
C'est pour le pays ; et j'en jure par le cœur de ceux qui m'écoutent,
nul ne vous refusera !

BESANÇON, IMPRIMERIE ET LITHOGRAPHIE DE PAUL JACQUIN.